लफ्जो की महफिल

रुचिका प्रदीप

BlueRose ONE .com
Stories Matter

First Published in June 2022

ISBN: 978-93-5628-248-3

BLUEROSE PUBLISHERS
www.BlueRoseONE.com
info@bluerosepublishers.com
+91 8882 898 898

Cover Design:
Geetika Pradeep

Typographic Design:
Namrata Saini

Distributed by: BlueRose, Amazon, Flipkart

Dedication

This book is dedicated to my grandma whose kindness and passion for life inspires me daily, to my grandfather whose guidance, love and support are my foundation.

Acknowledgements

'Lafzon ki mehfil' was the mission I could accomplish because of the overwhelming response and support I received from my grandparents, parents and blue-rose. My life choices have been shaped by parents and grandparents through their expertise, caring and coaching.

About the Author

Ruchika is a very passionate writer who loves to write poems in english and in hindi. She is an engineer working in Bangalore. She's a novelist, dancer, musician and a painting artist. She has a unique style of expressing the  melodious, creative, rhythmic utterances of ideas through asthetic applications of words.

Preface

'Labzon ki mehfil' is a hindi poetry book that has 50 best poems of the poet. This book has poems about love and relationships. This book consists of mesmerising poems which captivate the mind of readers.

1.

वो रहे महफ़ूज़
अगर हमसे होके दूर
तो हम नज़दीकियों की आस न किया करेंगे
वो रहे खुश
अगर हमसे होके जुदा
तो हम मुलाक़ात की आस न किया करेंगे
हो कोई तफलीफ
अगर हमारी बातों से
तो हम ख़ामोशी को अपना लेंगे
हो कोई रुसवाई
अगर हमारी मोहब्बत से
तो हम इज़हार करना छोड़ देंगे
हो बेसहारा रातें
बैगर हमारे
तो हम सवेरा ले आएँगे

2.

सासों की परवाह किसको है

फिलहाल तो फ़िक्र तुम्हारी होती है

इज़हार करने से ये मोहब्बत बयान नहीं होगी

नज़रे मिलाने से ये प्यार साबित नहीं होगी

कसमों से ये रिश्ता गहरा नहीं होता

छुपाने से ये दर्द क़म नहीं होता

3.

हमनें तो तुम्हें भुला दिया था

मगर जब भी ये किरणें हमें चूमते है

उसमें हाज़िल हुई राहत हमें तुम्हारी याद दिलाती है

हमनें तो तुम्हें भुला दिया था

मगर जब भी चाँद मुस्कुराता है

उसकी नूर हमें तुम्हारी याद दिलाती है

जब बारिश हमपे बरसते हैं

वो सुकून हमें तुम्हारी याद दिलाती है

जब वो फ़िज़ाएं हवाओं से टकरा जाते हैं

वो महक हमें तुम्हारी याद दिलाती है

4.

हमारा दिन खूबसूरत बन जाता है

जो तेरे एक याद से हमारे हर

ज़ख्म मिट जाते हैं

जो तेरी एक निशानी से

हमारे इस दिल को सुकून मिल जाता है

जो तेरी मौजूदगी से हमारे

इस बेजान जिस्म में

जान आ जाती है

जो तेरी कोई खबर से

हमारे आँगन में

खुशियों की बहार आती है

जो तेरे एक पैगाम से

हमारी बेरंग ज़िन्दगी में

नूर आ जाती है

कुछ तो था न हमारे प्यार में

5.

मोहब्बत क्या है

वो क्या जाने

जिनके चाहने वाले हज़ार हों

दर्द क्या है

वो क्या जाने

जिन्होंने कभी दिल न लगाया हो

आँसू क्या है

वो क्या जाने

जिसने किसी को खोया ही न हो

ज़ख़्म क्या है

वो क्या जाने

जिसने कभी एक तरफ़ा प्यार किया ही न हो

6.

हर पल, हर घड़ी
तेरा एहसास यूँ मुझे दिलाते रहना
कुछ इस तरह मानो
दूर होकर भी मेरे करीब रहना
रिश्ता न होकर भी
तुम मेरे ही बनके रहना

7.

तेरी हर बात मानता है

वो शख्स कायर नही

तुम्हें खोने से डरता है

तेरी हर गलती को अनदेखा करता है

वो शख्स नादान नहीं

तुम्हें खुदा मानता है

हर पल तुम्हारे पास रहता है

वो शख्स बेबस नहीं

तुम्हें अपनी दुनिया मानता है

टूटकर भी तुम्हें मानता है

वो शख्स दीवाना नहीं

तुमसें सच्चा प्यार करता है

8.

ये लफ्ज़ अदा न कर पाएंगे
ये जज़्बात हमारी
ये पन्ने उतार न पाएंगे
मोहब्बत हमारी
ये कलम लिख न पाएगी
अधूरी दास्ता हमारी
ये किताब पूरी न हो पाएगी
बैगर साथ तुम्हारे

९.

इस शहर और शोर से कहीं दूर
इस झूठी मेहर और उलझें डोर से कहीं दूर
चलते गए हम इन लहरों की ओर
कुछ पल यूँ ही गुम रहने के लिए
सन्नाटों से बातें करने के लिए
चलते गए हम जन्नत की ओर

10.

तुझसे ज़्यादा वफादार

तो तेरी यादें हैं

जो तेरे जाने के बाद भी

मेरा साथ देते हैं

जो तेरे मना करने के बाद भी

मेरे पास रहते हैं

जो तेरे न चाहते हुए भी

मेरा ख्याल रखते हैं

जो तेरे इनको दफ़नाने के बाद भी

मेरा साया बन गए हैं

11.

कुछ पल के लिए ही सही

हमारे इस चाहत को देखके

जो बेसाँस होकर भी क़ायम हैं

शोले भी जलना भूल गए हैं

कुछ पल के लिए ही सही

हमारी इस दुनिया को देखके

जो शबनम और बर्फ से सजी है

सूरज भी पिघलने लगा है

बरसों बाद ही सही

हमारे वफ़ा को देखके

जिसके मौत भी मोहताज़ हैं

चाँद भी झुक गया है

बरसों बाद भी सही

हमारे इस इंतज़ार की सिलसिले को देखके

जिसके गवाह तो खुद वो रब है

12.

तेरा इस तरह मुझे सीने से लगाना
तेरा इस तरह मेरी सासों के करीब आना
तेरा इस तरह मुझे अपने नज़रों में भरना
तेरा इस तरह मेरी बांहों में ठहर जाना
जैसे मानो आखरी बार हो तेरा मेरा मिलना

13.

दुनिया की बूरी नज़रे
ज़माने की ताने
कभी मोहब्बत हुआ बदनाम
तो कभी हमपे लगे इलज़ाम
पर कोई ना कर पाया हमें अलग

14.

तुम ऐसे बिन बुलाए ना आया करो
तुम इस तरह बिना बताए ना मिला करो
हकीकत भी ख्वाब लगता है
सच भी वहम लगता है

15.

मेरे जज़्बातों की गहरी समुन्दर में
छुपाया है तुमको
मेरे अल्फ़ाज़ों की महकती गुलशन में
बुलाया है तुमको
मेरे ख्वाबों के शहर में
शामिल किया है तुमको
मेरे दिल के आशियाने में
सजाया है तुमको

16.

मेरे होठों पे आयी
वो हसीन मुस्कान सी हो तुम
मेरे चेहरे पे झलकती
कोई नूर सी हो तुम
मेरी आंखों में छायी
वो खुमार सी हो तुम
मेरे दिल में उतरी
कोई दुआ सी हो तुम

17.

जो राहें मुझे तुमसे
दूर लेके चलें
उस राह में चलना ही नहीं जिस कारवा में तू नहीं
उसमें सफर करना
हमें मंज़ूर नहीं
जिस लम्हें में तू नहीं
वो पल हमें
जीना ही नहीं
जिस जहाँ में तेरा निशान नहीं
उससे हमारा कोई वास्ता ही नहीं

18.

न वो बिन बात पे मुस्कुराना
न वो बात - बात पे हसना
न वो हर लम्हें में ख़ुशी को ढूंढ़ना
न वो हर शाम को जशन में बदलना
पहले जैसा अब कहाँ कुछ रहा

19.

मेरी उससे बात नहीं होती है
और बात किसी और से
हम करते नहीं हैं
पर अगर बात कभी होती भी है
तो सिर्फ उसी की बात होती है

20.

तुम रूठे हो हमसे
ये कहकर ही तो मानते आए हैं
इस दिल को
इसे क्या पता
तुम खफा नहीं
नफरत करते हो हमसे

21.

तुमने हमको मोहब्बत करना सिखाया ही क्यों
तुमने हमको खुशियों से मिलाया ही क्यों
जब इस तरह छोड़ कर जाना ही था
तो तुमने हमको जन्नत का पता बताया ही क्यों

22.

तुम जान मांग लेते
तो हम हँसकर दे देते
मगर तुमने जुदाई नाम के खंजर से
सीने में वार किया है
अब तो बचना
जैसे मुमकिन नहीं लगता है
अगर बच भी गए तो
ये फासले हमें मार ही डालेगी

23.

मौत से किसको डर लगता है जनाब
डर तो तेरे बगैर जीने के सोच से लगता है
तुझसे जुदा होने के ख्याल से लगता है
तुझे खो देने के सोच से लगता है

24.

ये डूबता सूरज
ले गया अपने संग
हमारे प्यार की आख़िरी निशानी
कल नया सवेरा होगा
पर फिर कभी न शुरू होगी
तेरी-मेरी कहानी
और रह गई ये दास्ता अधूरी

25.

दिल तुम्हारे पास छोड़ आए
जान तुम्हारे नाम कर आए
सासों में तुम्हें भर आए
एक बार सोच तो लिया होता
हमारे प्यार की सबूत माँगने से पहले

26.

मेरे पास आके बैठ ज़रा
मेरे साथ दो पल जी ले ज़रा
पता है पहले जैसा कुछ न रहा
पता है हमारे रिश्ते का निशान तक न रहा
पर मेरे पास आके बैठ ज़रा
मुझे ज़िंदा होने का एहसास दिला ज़रा

27.

तेरी तलाश में ये ज़िन्दगी गुज़र जाए
तेरे इंतज़ार में ये उम्र बीत जाए
तेरी याद में हर ग़म ढल जाए
तेरे एहसास में तन्हाई भी मुस्कुराते कट जाए

28.

इन अश्कों के लहरों को
किनारा मिल जाए
इन बेचैन सासों को
पनाह मिल जाए
इस मचलती दिल को
सुकून मिल जाए
इस डूबते मोहब्बत को कश्ती मिल जाए

29.

हम अजनबी ही ठीक थे
कभी मिल जाने पर मुस्कुरा तो लेते थे
कभी राहों के मिलने पर हाल तो पूछ लिया करते थे
कभी किसी मोड़ पर
बात तो करते थे
इत्तिफ़ाक़ से ही सही
कभी साथ तो चल लिया करते थे

30.

सुबह को शिकायत
दुपहर को रुसवाई
शाम को दूरी
ओर रात को नफरत
कुछ ऐसी ही है
हमारी प्रेम कहानी

31.

फिर से मोहब्बत कैसे कर लूँ
फिरसे दिल कैसे दे बैंठू
अब तो आँखों से
उसका दीदार तक न हटा है
अब तो हाथों से
उसका निशान तक न मिटा है

32.

जिनको बहुत सालों तक
संभाल के रखा था
जिनको अरसों तक
खुद से बाँध के रखा था
जिनको ज़माने की नज़रों से
और अपनों की सवालों से
बचा के रखा था
वो आज बह ही गए
ये अश्के आज हमसे बिछड़ गए

33.

तुमसे मिले हर ज़ख्म को
हमने हँसकर सहा है
तुम्हारी कही हर झूठ को
हमनें मुस्कुराकर टाला है
तुम्हारे खातिर जन्नत को
हमनें ठुकराया है
तुम्हारे खातिर रब को
हमनें पराया कर दिया है
और तुम पूछती हो
हमने तुम्हारे लिए किया ही क्या है

34.

आपके सारे सपने सच हो
आपकी सारी चाहतें पूरी हो
आपकी सारे दुआएँ रोशन हो
आपके देहलीज़ पे खुशियाँ सदा हो
आपका हर दिन खूबसूरत हो
आपके होठों पे मुस्कान हर पल हो
आपके प्यार से वास्ता गहरा हो
आपका और मेरा साथ ज़िन्दगी भर हो

35.

हर राह में तुम्हारे कदम हो
हर गली में तुम्हारे चर्चे हो
हर गुलशन में तुम्हारा एहसास हो
हर फूल में तुम्हारी महक हो
हर बूंद में तुम्हारा खुमार हो
हर बरसात में तुम्हारे जज़्बात हो
हर नज़ारे में सिर्फ तुम्हारा चेहरा हो
हर लम्हें पे सिर्फ तेरी याद हो

36.

तेरे जाने से
मेरा ये प्यार नहीं मिटेगा
तेरे लौट आने से
मेरा ये ज़ख्म नहीं मिटेगा
हो सके तो मुझे भुला देना
तेरा यूँ इस तरह मुझे
कभी कभार याद करना
मुझे जीने नहीं देगा

37.

तेरे सिवा मेरा कोई चाहत नहीं
तेरी यादों के सिवा ज़िन्दगी में कोई राहत नहीं
तो क्या हुआ अगर
अपनी ये कहानी अधूरी रह गई
तुझसे मिलकर ही तो
हम पूरे हुए

38.

जिसके पास हमें देने के लिए
एक पल तक न था
उनपे हम अपना सारा वक़्त
लुटा चुके थे
और कहते हैं वो हम बेवफा थे
ज़रा देखो तो उनकी गलतफहमी

39.

कुछ दर्द को
लिखा नहीं जाता
कुछ ग़म को
बाँटा नहीं जाता
कुछ ज़ख़्मों को
मिटाया नहीं जाता है
कुछ चेहरों को
भुलाया नहीं जाता है

40.

उसका यूँ दूर जाने की ज़िद्
और मेरा यूँ उसके पास रहने की ज़िद्
उफ़ प्यार का ये जंग
अब क्या बताए
इस दर्द-ए-दिल का हाल
न वो हमारी बन सकी
न मैं किसी और का

41.

मोहब्बत से बंधे हुए हैं हम
इश्क के हाथों मजबूर हैं हम
वरना किसी के आगे झुकना
यूँ फितरत नहीं है हमारी
वरना किसी के सामने हार मानना
यूँ आदत नहीं है हमारी

42.

थोड़ी चाँद की चाँदनी
थोड़ी सूरज की रोशनी
थोड़ी तारों की चमक़
थोड़ी रात की रौनक
कभी कोहिनूर की शान
तो कभी कोई खूबसूरत सी शाम
कभी ओस की पावन
तो कभी खुशियों की सावन
कभी कोयल की गीत
तो कभी दिल की जीत
कुछ इस तरह थी वो

43.

है तेरी लाख रुसवाई
तो चलो हो जाए
आज़ मेरे प्यार की सुनवाई
चाँद-तारें, हवाएं-बरसातें
सब है मेरे प्यार की निशानी
खुदा खुद आके देगा गवाही
जब होगी मेरे वफ़ा की पेशी

44.

तुम हीरे की चमक हो
तुम अंधेर रात में रोशन वो दीपक हो
तुम प्यार के हज़ार सावन हो
तुम बिन मांगे वो हज़ार ख़ुशी हो

45.

अगर तुम्हें न देख सकती

अगर तुमसें बात न हो सकती

अगर तुम्हारे साथ न रह सकती

अगर तुम्हारे प्यार को न पा सकती

अगर तुम्हारी न हो सकती

तो इस ज़िन्दगी का क्या करूँ

46.

किसी को क्या बताऊं
अब तुम्हारे बारे में
तुम क्या थे मेरे
ये किसी को कैसे समझाऊँ
न यार थे
और न प्यार थे
पर फिर भी
मेरे सबसे करीब थे

47.

या तो पूरा तुम्हारा होके रहेंगे
या खुद से भी पराया हो जाएंगे
ना किसी को अपने बीच आने देंगे
ना किसी और के कभी होंगे

48.

अब तो लगता है जैसे

ये दिल बना ही तुम्हारे लिए

तेरे आने से पहले

और तेरे जाने के बाद

ये दिल धड़कता है सिर्फ तुम्हारे लिए

लो करते हैं इसे अब तुम्हारे हवाले

अब चाहे तो प्यार से इसे अपने पास रखना

या चाहे तो हक़ से इसे तोड़ देना

हमें अब कोई शिकायत नहीं

49.

न उसने अलविदा कहा

न मैंने उसको गले से लगाया

न उसने मेरा हाथ छोड़ा

न मैंने अपना वादा तोड़ा

न उसने मुड़ कर देखा

न मैंने उसको रोका

न उसके आंखों में नमी थी

न मेरे सासों में बेकरारी थी

न उसकी वफ़ा अनसुनी थी

न मेरे प्यार में कमी थी

फिर न जाने कैसी खता हो गई थी हमसें

वो बिखर सा गया था मैं टूट सी गई थी

फिर खुद को समेटना जैसे

नामुमकिन सा हो गया था

50.

वक़्त भी थम गया है

कुछ पल के लिए ही सही

हमारे प्यार की एक झलक

को यूँ पाने के लिए

आसमान भी उतर गया है

अपने फलक से

कुछ पल के लिए ही सही

हमारे मशहूर किस्सों की तारीफ सुनके

हवाएं भी रुक गई हैं

कुछ पल के लिए ही सही

हमारे इस चाहत को देखके

जो बेसाँस होकर भी क़ायम है

शोले भी जलना भूल गए हैं

कुछ पल के लिए ही सही

हमारी इस दुनिया को देखके

जो शबनम और बर्फ से सजी है

सूरज भी पिघलने लगा है